Meyer • Lehmann • Schulze

Die wilden Zwerge

Die Hochzeit

Bilder von Susanne Göhlich

Klett
Kinderbuch

Die Kinder von der Zwergengruppe machen gerade musikalische Früherziehung, da klopft es und ein Mann mit kurzen Haaren

steck den Kopf zur Tür herein. Das ist der Herr Biedermann. Die Zwerge haben ihn im letzten Sommer kennengelernt, als sie alle zusammen im Schwimmbad waren.

„Dein Verliebter, Frau Koslowski!", ruft Selin.
Herr Biedermann ist jetzt der Freund von ihrer Erzieherin
Frau Koslowski.
Die Kinder mögen ihn, weil er so sportlich und lustig ist.
Er holt Frau Koslowski öfter ab.
Aber mitten am Vormittag ist er noch nie gekommen.

„Dein Verliebter!", ruft Richard. „Verliebt, verlobt, verheiratet!"
„Geschieden", sagt Mara leise.
„Verliebt, verlobt, verheiratet!", singt Richard, und Alex singt mit.

„Richtig geraten!", sagt Frau Koslowski.
„Sven und ich haben gleich einen Termin beim Pfarrer.
Wir heiraten bald und ihr seid alle eingeladen."
„Ich freu mich auch, wenn ihr kommt, ihr Rattenbande",
sagt Herr Biedermann.
„Tschüs, zum Mittagessen bin ich wieder da", sagt Frau Koslowski.

Frau Koslowski heiratet! Die Zwerge sind ganz aufgeregt.
„Wer war denn schon mal auf einer Hochzeit?", fragt Frau Köhler,
ihre andere Erzieherin, als alle ihre Instrumente weggeräumt haben
und wieder im Kreis sitzen. „Erzählt mal."

„Meine Mama hatte ein langes weißes Kleid an und sah aus wie eine Prinzessin. Das war der zweitschönste Tag in ihrem Leben", sagt Karolin.

„Die Braut kriegt einen goldenen Ring. Den steckt der Mann an ihren Finger. Innen im Ring stehen die Namen", sagt Sara.

„Sie fahren in einem Oldtimer mit einem Haufen Blumen vorne drauf zur Kirche", sagt Anton. „Alle fahren hinterher und hupen und haben weiße Schleifen am Auto. Wenn ich heirate, will ich einen Rolls-Royce."

„Sie sagen beide Ja und bleiben zusammen für immer und ewig", sagt Konstantin. „Bis sie sich wieder scheiden", sagt Mara.

„Hinterher gibt es ganz viel Essen. Bei meiner letzten Hochzeit ist mir schlecht geworden", sagt Alex.

„Die kriegen Geschenke wie
an Weihnachten", sagt Adrian.

„Am Hochzeitsabend trinken die Erwachsenen
ganz viel Wein und die Kinder können aufbleiben,
solange sie wollen, und rumrennen und den
ganzen Nachtisch aufessen", erzählt Johannes.

„Vorher ist der Polterabend", sagt Richard und hebt seinen Teller
in die Luft. „Da muss man alle Teller kaputt schmeißen." Er macht
ein lautes Poltergeräusch.

„Stopp!", ruft Frau
Köhler.
„Wir haben hier auch
ohne Hochzeit schon
genug Gepolter."

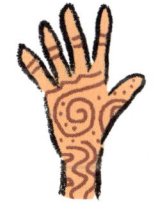

„Meine Tante hatte vorher Henna-Abend",
sagt Selin. „Da kriegt die Braut die Hände
schön angemalt und muss weinen."

„Ich will auch heiraten", sagt Elena leise.
„Aber ohne Polterabend und ohne Hennenabend."
„Ich auch", sagt Konstantin und guckt Elena ganz ruhig an.

Jetzt wollen noch mehr Zwerge
heiraten. Selin will Anton heiraten.

Das geht aber nicht,
weil Anton schon
seine Mama heiraten will.

Dann will Selin eben
Konstantin heiraten.

Konstantin will zwar
heiraten, aber er sagt nicht
wen. Jedenfalls nicht Selin.

Dann will Selin eben
Adrian heiraten.

Adrian will lieber
Johannes heiraten.

Johannes will lieber
Mara heiraten.

Mara will gar
nicht heiraten.
„Da streitet man
sich sowieso nur",
sagt sie.

„Ich streite nie", ruft Richard. „Ich heirate dich, Elena!"

„Nein!", sagt Elena.

„Doch!"

„Hast du nicht gehört, sie will dich nicht", sagt Konstantin böse
zu Richard.

„Wohl will sie mich!", brüllt Richard.

„So geht das nicht", sagt Frau Köhler. „Keiner muss heiraten,
wenn er nicht will. Eine Braut muss man umwerben, Richard."

„Hä?", fragt Richard. „Werbung für sie machen?"

„Andersrum. Der Bräutigam wirbt für sich. Er zeigt ihr, wie nett
er ist."

„Das ist langweilig, da bin ich lieber der Pfarrer", sagt Anton.

„Amen, Amen, Halleluja!"

„Und ich das Blumenmädchen", ruft Selin.

„Und ich der Kuchenesser!", ruft Alex.

Jedenfalls beschließen sie: Morgen soll die Hochzeit sein.

Nur – wer heiratet wen?

„Das sehen wir dann", sagt Frau Köhler. „Jetzt gehen wir erst mal
auf den Spielplatz."

Auf dem Weg zum Spielplatz
geht Richard neben Frau Köhler.
„Ich will aber die Elena heiraten.
Das will ich schon mein ganzes Leben lang", sagt er.
„Beide müssen wollen. Du hast ja gehört, du musst sie umwerben."
„Aber wie denn?", fragt Richard.
„Sei mal richtig nett zu ihr. Hilf ihr, schenk ihr was, mach ihr
Komplimente."
„Kompel-was?"
„Sag ihr, was dir an ihr gefällt und warum du sie magst. Von selber
merkt sie das nicht, so, wie du oft mit ihr umgehst, mein Lieber."

Richard stürmt davon. Nun will er als Erster am Spielplatz sein.
Aber die meisten sind schon da. Anton und Johannes holen gerade
die Fahrzeuge aus dem Spielhäuschen, da rast Richard wie der Blitz
dazwischen und reißt das gelbe Bobbycar an sich. Er steigt auf und
braust auf die Mädchen zu.
Die springen ängstlich beiseite, weil sie denken, dass er wieder
Kinderüberfahren spielt.
Doch dann passiert etwas, was noch nie passiert ist. Mit lautem
Bremsgeräusch hält Richard einen Zentimeter vor Elenas
Schuhspitze, steigt ab
und sagt: „Da, du kannst
fahren, Elena."

An diesem Tag macht Richard einige Sachen *nicht*:
Beim Mittagessen nimmt er Elena nicht den Nachtisch weg.
Im Waschraum schmiert er ihr nicht Zahnpasta in die Haare.
Und beim Abholen schubst er sie nicht in die Garderobe.

Dafür macht er andere Sachen *doch*:
Beim Mittagessen bietet er ihr seinen Erdbeerquark an.
Im Waschraum sagt er: „Du hast so schöne Locken."
Und beim Abholen sucht er ihren verschwundenen rechten Schuh
unter der Ablage hervor.
„Der ist ja heute richtig nett", sagt Elenas Mutter verwundert.
„Ja", sagt Elena.

Am nächsten Morgen wartet Richard
in der Garderobe auf Elena.
„Bitte heirate mich trotzdem",
sagt er. „Nur ein einziges Mal.
Ich hab dir auch Schokomüsli
mitgebracht."
„Na gut", sagt Elena und grinst.
Dann schlüpft sie an ihm vorbei
ins Zwergenzimmer.

Die anderen sitzen schon am Frühstückstisch.
„Elena, bei mir ist noch frei", sagt Konstantin. „Ich hab dir was
mitgebracht."
Auf dem freien Platz liegt ein Tütchen Schokomüsli.
„Da hab ich ja heute ganz viel", sagt Elena und setzt sich.

Zuerst der Morgenspruch:
„Wir danken für das leckere Essen,
der Schöpfer hat uns nicht vergessen.
Nun schlucken wir unser
Frühstück runter,
so werden wir Zwerge erst
richtig munter."

Dann planen sie die Zwergenhochzeit. Frau Köhler hat zur Feier
des Tages kleine Muffins mit bunten Liebesperlen gebacken.
Die soll es nach der Trauung geben.

„Wer heiratet denn jetzt eigentlich wen?", fragt Frau Koslowski.

„Ich die Elena", ruft Richard. „Sie hat Ja gesagt."

„Du lügst", sagt Konstantin. „Nie im Leben heiratet sie dich."

„Doch", sagt Elena.

Nach dem Frühstück holen sie die Verkleidungskiste.

Elena bekommt einen Schleier mit Spitze.

Richard zieht eine dunkle Anzugjacke an und setzt sich den Zylinder des Zauberers auf. Sara hat zwei Ringe mitgebracht.

„Nicht verlieren", sagt sie zu Richard. Er steckt sie in die Anzugtasche.

Karolin und Sara machen sich gegenseitig schöne Frisuren.

Mara und Selin wollen lieber Blumen pflücken und verstreuen.

Anton ist der Pfarrer, und Johannes kümmert sich um die Kirche auf dem Spielplatz.

Bevor es richtig losgeht, proben sie alle zusammen das Hochzeitslied. „Ein Vogel wollte Hochzeit machen".
Bei „Fideralala" schlägt Konstantin mit dem Tamburin den Takt.

Kurz darauf wandert ein bunter Hochzeitszug zum Spielplatz.
Ganz vorne geht der Pfarrer.
Die beiden Blumenmädchen verstreuen viel zu viele Blumen und
brauchen bald Nachschub. Direkt hinter dem Brautpaar trommelt
Konstantin wie wild auf dem Tamburin.

„Nicht so laut!", sagt Richard. „Du nervst."
„Du nervst selber", sagt Konstantin und tippt mit dem Tamburin
auf Richards Zylinder.
Der Zylinder fällt runter.
„He!", brüllt Richard und boxt Konstantin.
Konstantin schubst ihn zurück, und plötzlich wälzen sich die beiden
am Boden und raufen. Alle Kinder schreien durcheinander.

Von hinten kommt Frau Koslowski angelaufen. Sie schimpft
und trennt die Streithähne. Konstantin muss den Rest des Weges
ganz hinten gehen.
Das Tamburin bekommt Adrian.

Missmutig trödelt Konstantin hinter den anderen her. Er hat überhaupt keine Lust auf die Hochzeit. Plötzlich sieht er vor sich im Staub etwas glitzern. Elenas Ring! Der ist beim Raufen aus Richards Tasche gefallen, und keiner hat es gemerkt.

Konstantin wird noch böser, als er den Ring sieht. Er schubst ihn mit der Schuhspitze an den Wegrand. Das haben sie nun davon! Jetzt können sie gar nicht mehr heiraten.

Auf dem Spielplatz hat die Hochzeit schon fast angefangen. Johannes hat den Altar unter der Rutsche aufgebaut. Vor der Trauung singen sie noch mal das Vogelhochzeitslied. „Die Eule, die Eule, die hat am Arsch 'ne Beule!", singt Konstantin und alle lachen.

„Konstantin, was hast du heute nur? Fang mal mit der Trauung an, Anton", sagt Frau Koslowski.

Anton schlägt sein dickes Pfarrer-Buch auf.

„Liebe Elena und lieber Richard", sagt er. „Ihr heiratet heute.
Eure Heirat soll immer und ewig dauern. Lieber Richard, ab jetzt
darfst du Elena nie mehr ärgern, und Elena, du darfst nie mehr
heulen, wenn er dich doch ärgert. Habt euch lieb und vertragt
euch und kriegt hundert Kinder. Amen."
Er klappt das Buch zu.
„Kniet euch vor das Bobbycar." Die beiden knien sich hin.
Anton legt ihnen die Hände auf die Köpfe und sagt:
„Sege, sege, sege! Jetzt noch die Ringe, und dann seid ihr
verheiratet. Steht auf.
Wo sind die Ringe?"

Aber es ist nur noch ein Ring da.
Der für Richard.
Elenas Ring ist weg! Richard sucht
alle seine Taschen durch.
„Aber du hast mir versprochen,
dass ich ihn zurückkriege",
jammert Sara.
„Ohne Ring keine Hochzeit!",
sagt Selin.
Sofort geht ein großes
Gesuche los.
Die ganze Hochzeitsgesellschaft
gerät durcheinander, weil alle
herumlaufen.
Aber der Ring bleibt verschwunden.

Richard ist vor dem Altar stehen geblieben. Plötzlich bricht er in
Tränen aus und weint leise vor sich hin. Er kann gar nicht mehr
aufhören. Richard, der sonst nie weint! Die anderen Kinder sind
erschrocken und versuchen, ihn zu trösten.

Konstantin guckt schweigend zu. Dann gibt er sich einen Ruck und
rennt davon.
„Konstantin, wo willst du hin?", ruft Frau Koslowski.
„Komme gleich wieder!", ruft er über die Schulter.

Als Konstantin zurückkommt, drückt er Richard den verlorenen
Ring in die Hand. Jetzt kann Richard endlich aufhören zu weinen.
„Danke", sagt er leise und schnieft laut.
Dann steckt er Elena den Ring mit dem rosa Glitzerstein an ihren
rechten Ringfinger, und Elena steckt Richard den Ring mit dem
Marienkäfer an seinen rechten Ringfinger.

Alle jubeln.
„Küssen! Du musst die Braut jetzt küssen!", ruft Selin.
„Küssen! Küssen! Küssen!", rufen alle. Richard ist verlegen,
und Elena fängt fast an zu weinen.
„Niemand muss küssen", sagt Frau Köhler. „Er darf die Braut jetzt
küssen, das sagt man so. Aber küssen müssen muss keiner."
Da küsst Richard die Braut ganz vorsichtig auf die Hand. Und Elena
lacht ihn an.

Danach kommt die Hochzeitsfeier. Sie essen Muffins und trinken Apfelsaft, sie tanzen und singen und machen viel Quatsch.
Einer macht besonders viel Quatsch. Konstantin kickt Antons geschmückte Autos durch die Gegend, er schmeißt einen Muffin in den Sand und fegt Richard noch mal den Zylinder vom Kopf.
Fast gibt es wieder Streit zwischen den beiden.

„Konstantin, was ist denn heute nur mit dir los?",
fragt Frau Koslowski ärgerlich.
„Der ist sauer", erklärt Selin, „weil er auch die Elena heiraten wollte."
Konstantin stürzt sich auf sie, und wer weiß, was passiert wäre,
wenn Frau Koslowski ihn nicht mit aller Kraft festgehalten hätte.

„Weißt du was, Konstantin", sagt Anton. „Morgen spielen wir
Scheidung, und danach kannst du die Elena heiraten."
Doch da fängt das nächste Kind an zu weinen, das sonst niemals
weint. „Keine Scheidung! Ich spiel nicht Scheidung!", schluchzt
Mara und muss lange getröstet werden.

Und alle einigen sich darauf, dass jetzt erst einmal nur
Frau Koslowski den Herrn Biedermann heiratet,
und zwar für immer und ewig.

„Mama", sagt Anton, als er abends zuhause auf dem Klo sitzt, „die Elena hat heute gar nicht geweint und der Richard war richtig lieb."

„Das ist ja mal eine Neuigkeit. Wie kam denn das?"

„Die haben sich geheiratet. Und ich war der Pfarrer. Sege, sege, sege!"

„Säge, säge, säge? Ich versteh kein Wort. Was hat denn das mit Sägen zu tun?"

„Doch nicht Sägen! Seeegen! Ich hab die geseget. Damit sie sich nie streiten und immer und ewig zusammenbleiben. Und wir hatten Autos mit weißen Schleifen dran auf dem Weg zur Kirche. Die Kirche war an der Rutsche."

„Ihr habt richtig Hochzeit gespielt? Ist ja süß."

„Wenn wir heiraten, nehmen wir einen Oldtimer, einen Rolls Royce."

„Wir? Wie meinst du das?"

„Ich und du. Wenn ich groß bin, heirate ich dich, Mama."

„Ach, mein allerliebster Anton! Das ist echt lieb von dir, aber das geht leider nicht. Wenn du groß bist, bin ich eine alte Oma. Dann willst du mich gar nicht mehr heiraten."

„Doch!"

„Wart's ab. Außerdem war ich doch schon mal verheiratet."

„Mit dem Papa? War ich da dabei?"

„Ja, in meinem Bauch. Dein Papa ist trotzdem gleich danach wieder nach Marokko abgedüst. Hat nix geholfen, das Heiraten. Aber immerhin hab ich dich gekriegt!"

„Und da habt ihr euch ganz doll gefreut."

„Ja, wie verrückt haben wir uns gefreut."

„Ich will aber trotzdem mit dir Hochzeit feiern ..."

„Kannst du ja, und zwar Nudel-Hochzeit. Beeil dich mal, die sind gleich fertig. Ein schönes Hochzeitslied weiß ich auch schon: Zwei Nudeln wollten Hochzeit machen in der roten Soßoße – fideralala, fideralala, fideralalalala!"

Mehr von den Wilden Zwergen

Der Neue
ISBN 978-3-941411-02-9

Tschüss, kleiner Piepsi!
ISBN 978-3-941411-03-6

Der Kochtag
ISBN 978-3-941411-04-3

Mara muss mal
ISBN 978-3-95470-005-9

Das Weihnachtssingen
ISBN 978-3-941411-11-1

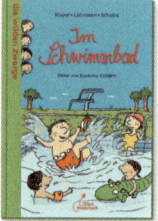

Im Schwimmbad
ISBN 978-3-941411-22-7

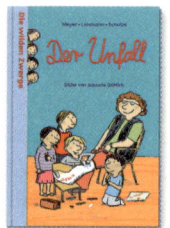

Der Unfall
ISBN 978-3-95470-028-8

Der Sturm
ISBN 978-3-95470-094-3

„Die wilden Zwerge werden bei uns zu Hause heiß geliebt.
Immer, wenn ich in Deutschland bin, wundere ich mich,
dass die in den Buchhandlungen nicht überall im Stapel liegen!"

„Grüffelo"-Illustrator Axel Scheffler

2. Auflage 2017
© 2012 by Klett Kinderbuch, Leipzig
Alle Rechte vorbehalten
Illustrationen und Umschlaggestaltung: Susanne Göhlich
Umschlaglayout der Reihe: Hildegard Müller
Layout + Satz: atelier eilenberger, Taucha
Herstellung: Tropen Studios, Leipzig
Druck und Bindung: Livonia Print, Riga
Printed in Latvia
ISBN 978-3-95470-055-4

www.klett-kinderbuch.de